Le Nouveau Dico de Lolo

KERO

Du même auteur

- *Le Dictionnaire de Laurent Baffie*, Kero, 2012 ; Le Livre de Poche, 2016
- *C'est quoi ce bordel ?!*, Kero, 2013
- *500 questions que personne ne se pose*, Kero, 2014
- *Dictionnaire des noms propres (ou presque !)*, Kero, 2015
- *Mes petites annonces drôles, poétiques ou franchement limites*, Kero, 2017
- *Le Dico 2*, Kero, 2019 ; Le Livre de Poche, 2022
- *Le Guide de la repartie*, Kero, 2021
- *L'Intégrale*, Kero, 2022
- *L'Almanach de Laurent Baffie*, Kero, 2023

KERO
une marque
CALMANN LEVY

Maquette : Olo

Photographies : © TOUBON Sébastien / AGENCE 1827 / PARIS PREMIERE

Lettrines : © Paseven

ISBN : 978-2-7021-8666-4

A

Abattoir

Point de bétail.

Abeille

Insecte qui fait la politique de l'autre ruche.

Abricot

Fruit dans lequel il n'est pas toujours agréable de trouver un noyau.

Accordéon

Instrument de musique qui contredit le dicton « Soufflet n'est pas jouer ».

Acteur

Comédien qui travaille pour rentrer dans son personnage.

Acteur porno

Comédien qui travaille pour rentrer dans sa partenaire.

Adolescent

Petit casse-couilles acnéique qui met un panneau « Défense d'entrer » sur la porte de sa chambre qui sent le renard.

Adulte

Personne qui vient de terminer sa croissance et qui entame sa dégénérescence.

Agneau

Animal qui ne vit pas très longtemps quand il s'appelle Pascal.

Alpiniste

Sportif dont la fête préférée est l'Ascension.

Amazonie

Poumon de la terre qui ressemble à celui d'un fumeur.

Antisémite

Personne hostile aux banquiers, aux grossistes, et aux chirurgiens-dentistes du XVIe arrondissement.

Ardoise

Roche schisteuse qui devient salée dans les bistrots.

Argent

Monnaie qui ne fait pas le bonheur mais dont l'absence participe au malheur.

Arnica

Médicament souvent introuvable. Exemple : « Mais où est donc Arnica ? »

Asticot

Larve qui attire les poissons et bouffe les pécheurs.

Atoll

Île formée de récifs où grouillent les opticiens.

Attouchement

Deuxième spécialité du Nord après les bêtises de Cambrai.

Austère

Danseur de claquettes psychorigide.

(Voir Fred Austaire.)

Aveugle
Personne pas très regardante sur le prix des labradors.

Avortement
Pratique médicale qui permet de maintenir son pouvoir d'achat.

B

Baccalauréat

Diplôme indispensable pour s'inscrire au pôle emploi.

Baleine

Grand mammifère marin dans lequel les anciens cachaient leurs économies.

Banane

Fruit oblong très utile pour l'apprentissage des jeunes filles.

Barbecue

Crématorium des vegans.

Bientôt

Mot évasif très pratique pour répondre à ses enfants, ses créanciers, ou à sa maîtresse.

Bifle

Verge folle.

Bistrot

Endroit où le mot « dernier » perd tout son sens.

Bombe nucléaire

Remède à la surpopulation.

Bonobo

Proche cousin moins con que nous car il évite la guerre en faisant l'amour.

Boomer

Personne qui en a bien profité et qui laisse l'addition à ses gosses.

Bouteille

Contenant qui nous informe qu'on est plein quand elle est vide.

Bouton

Petite pustule cutanée qui entraîne les jeunes à percer dans la vie.

Bras
Membre indispensable si on aime le chocolat.

Bravo
Cri qui peut faire crouler une salle.

Bureaucratie
Monstre sans tête qui se nourrit de paperasse.

Burlesque
Mot derrière lequel
les cinéastes se cachent
quand leur film
n'est pas drôle.

Buse
Rapace dont
la queue
augmente
l'écoulement
d'un fluide.

Cabane

Petite construction rudimentaire qui sent la neige au Canada et la merde au fond du jardin.

Café

Boisson censée éviter les accidents de voiture, sauf quand on se renverse un thermos brûlant sur les couilles.

Cageots

Personnellement, je préfère décharger les cageots que de décharger dans un cageot.

Caisse

Boîte qui sent mauvais quand on la lâche.

Calcul

Brillant quand il est mental, douloureux quand il est rénal.

Calotte

Endroit qui fond ou qui se déplume.

Caméléon

Lézard qui en voit de toutes les couleurs.

Camisole

Vêtement dément.

Campagne

Endroit idéal pour s'acheter une résidence secondaire dans laquelle on arrive le samedi pour chauffer la maison, tondre la pelouse, faire le ménage, et d'où l'on repart le dimanche après déjeuner pour éviter d'être dans la merde des embouteillages du soir.

Cantine scolaire

Endroit où l'on sert les restes de l'hospice d'à côté. Et inversement.

Capitaine

Grade des femmes qui se projettent en homme.

Carotte

Légume qui a ses fanes.

Carpe

Poisson muet que les Ashkénazes farcissent allègrement.

Carton

Petit bout de papier qui permet à un simple arbitre d'expulser un milliardaire.

Catastrophe

Mot anxiogène qui devient drôle quand on le dit avec l'accent allemand.

Cauchemar

Rêve érotique où tu découvres à la fin que la fille qui te suce… c’est ta mère !

Cave

Endroit où l’homme descend pour remonter une bonne bouteille ou le moral de sa femme.

Caviar

Mets très cher dont la gauche raffole.

Ceinture

Bande de cuir dans laquelle les pauvres rajoutent des trous.

Cercle

Truc dont on a vite fait le tour.

Cerf-volant

Animal à cornes qui prend l'avion pour fuir la France pendant les périodes de chasse.

Cerveau

Organe dont on n'utilise que 10 %. Et franchement, ça se voit.

Champignon

Souvent mortel quand on le mange ou quand on appuie trop fort dessus.

Chandelle

Petite bougie que l'on tient quand on regarde les autres baiser.

Chat

Félin à qui on donne sa langue surtout quand c'est une femelle.

Chatouille

Seul attouchement qui fait rire.

Chef

Personne au-dessus du sous-chef et en dessous du couvre-chef.

Cheveux

Longs poils que l'on coupe en quatre quand on n'arrive pas à enculer les mouches.

Cigale

Insecte qui donne envie de boire du pastis.

Cinéma

Art qui permet de se ruiner rapidement.

Clic-clac

Canapé qui se transforme en lit quand l'affaire est dans le sac.

Coca

Plante dont on tire un stimulant très apprécié dans le showbiz.

Cognassier

Arbre décevant pour ceux qui espéraient récolter des connasses.

Coloscopie
Caméra cachée.

Commissariat
Endroit où les plaignants déposent des mains courantes et où les suspects se prennent des baffes.

Comparaison
Si comparaison n'est pas raison, ça fait quand même mal au cul de croiser un mannequin quand on se trimballe avec un boudin.

Compétent

Personne qualifiée sauf si on l'écrit en deux mots.

Comptable

Personne que l'on paye pour qu'il nous explique que l'on dépense trop.

Conchyliculteur

Éleveur de moules. Exemple : « Louis XV avait huit filles. »

Conseil

Un conseil : si un con vous donne un conseil, faites le contraire.

Corrida

Boucherie de plein air.

Corse

Français à motivation réduite.

Cougar

Vieux minou qui chasse les minets.

Courage

Chose que l'on prend à deux mains avant de prendre ses jambes à son cou.

Couramment

Mot qu'on utilise quand un employeur potentiel nous demande si on parle anglais alors qu'on baragouine comme une merde.

Courant

Déplacement d'une masse d'eau qui emmène des enfants au large et qui ramène des ordures sur la plage.

Coursier

Livreur qui peut jeter un colis fragile par-dessus le portail si on ne lui ouvre pas assez vite.

Couteau

Coquillage qui tranche avec les autres.

Cuisse

Partie des membres inférieurs particulièrement appréciée chez l'homme-grenouille.

Curare

Mot qui prouve que l'abstinence est un poison.

Cycliste

Automobiliste dont le pouvoir d'achat a considérablement baissé.

D

Déboires

Problèmes post-alcootest.

Décalotter

Verbe intraduisible en arabe et en hébreu.

Décathlon

Sports divers.

Dentiste

Médecin raté qui passe sa vie dans la bouche des gens et qui se console en se disant qu'il aurait pu être proctologue.

Diable

Dieu de mauvaise humeur.

Diarrhée

Accident de chiasse.

Dieu

Grand patron qui n'a aucun supérieur hiérarchique.

Digestion

Travail de l'appareil digestif qui transforme les aliments en caca, contrairement à McDonald's qui fait l'inverse.

Discothèque

Boîte de nuit où les filles qu'on trouvait moches à minuit nous paraissent pas mal à 5 heures.

Dithyrambe

Éloge qu'on pourrait employer pour souligner les qualités littéraires et drolatiques de cet ouvrage.

Dodo

Oiseau inapte au vol dont l'espèce s'est endormie.

Doigts

Appendices articulés de la main qui ont tous une fonction bien précise, à savoir :
1/ Féliciter ou critiquer,
2/ Pointer une direction,
3/ Inviter les gens à aller se faire enculer,
4/ Montrer qu'on n'est plus célibataire,
5/ Fouiller dans les petits orifices.

Dynamite

Répulsif corse.

E

Ecchymose

Traumatisme cutané pas évident à sucer au cinéma.

Échangisme

Pratique qui permet de se faire des relations en ayant des relations.

Écho

Phénomène naturel qui veut toujours avoir le dernier mot.

Échographie

Technique d'imagerie qui permet d'enchaîner avec une IVG si on n'aime pas la gueule du fœtus.

Éclair

Lueur brève dans les yeux des héroïnes de Balzac.

(Voir l'éclair d'Eugénie.)

Écuyère

Cavalière qu'on a le droit de lécher au dessert.

Emploi

Travail qu'on va chercher au pôle.

Endroit

Mot qui désigne un lieu. Exemple : « Anvers est un très bel endroit. »

Entre

Indique un intervalle d'espace ou de temps ou un choix entre plusieurs solutions. Exemple : « Je choisirais entre Vanessa et Margot laquelle je pourrais entre cinq et sept prendre par les fesses. »

Environ

Mot qui évite de se faire chier avec la précision.

Épave

Bateau que l'on trouve sous l'eau ou pochtron que l'on trouve soulôt.

Épisiotomie

Petit coup de bistouri qui permet de passer une tête.

Éponge

Animal que l'on jette quand on abandonne et que l'on passe quand on pardonne.

Épopée

Récit poétique qui narre des événements légendaires et chiants.
(Voir l'épopée gonflante.)

Épouvantail

Pantin qui veille au grain.

Espadon

Poisson qui pratique l'escrime.

Essai

Performance des grands rugbymen tels que Montaigne.

Estomac

Organe qui n'a absolument rien à faire dans l'étalon.

Etc.

Locution très pratique quand on n'a pas envie d'entrer dans le détail.

Éternité

Mouvement perpétuel du temps.

Étincelle

Chose plus facile à faire avec un briquet qu'avec sa bite.

Étoile

Astre qui peut conduire au désastre pour le restaurateur à qui on la retire.

Étranger

Envahisseur ou apport culturel selon les sensibilités.

Étrennes

Seule période de l'année pendant laquelle la gardienne est aimable.

Étriers

Arceaux indispensables pour les rodéos et les frottis.

Étudiant

Futur privilégié qui pour l'instant n'arrive ni à se loger ni à se nourrir.

Euphémisme

Formule qui adoucit le propos. Exemple : « Fils de pute » devient « Je trouve que ta maman pratique des prix très raisonnables ».

Euthanasie
IVG à l'envers.

Éventré
Very bad tripes.

Évêque
Prêtre qui fait le pont.

Exterminateur
Dératiseur qui se la pète.

Extrémité
Chose que l'on croit avoir trouvée alors qu'elle est à l'autre bout.

Face

Quand les hommes s'effacent, les femmes s'épilent.

Facteur

Fonctionnaire qui dans la même journée peut se faire mordre et sucer.

Facultatif

Mot qu'on n'est pas obligé de lire.

Faille

Chose dans laquelle les alpinistes tombent et les pervers narcissiques s'engouffrent.

Faim

Sensation désagréable à laquelle on peut remédier facilement en mangeant, chose qu'on ne peut pas faire contre la satiété.

Faire

Mot que les petits enfants et les personnes âgées disent souvent trop tard. Exemple : « J'ai envie de faire. »

Faire-part

Courrier qui annonce un départ, une arrivée ou une fusion.

Fakir

Mec qui traverse dans les clous.

Falaise

Spot pour dépressif.

Familial

Mot dangereux qui permet de vendre des paquets de chips géants et des pots de pâte à tartiner de cinq kilos.

Familiarité

Pratique qui autorise n'importe quel connard à me taper sur l'épaule.

Fan

Abruti qui est capable d'échanger un mégot de Johnny contre un poil de cul de Sylvie.

Fanfare

Orchestre dans lequel on peut jouer indifféremment du trombone ou de la turlutte.

Fantôme

Mort qui s'est mis dans de beaux draps.

Farine

Poudre dans laquelle on roule les gens qu'on veut niquer.

Fascisme

Politique bien pratique quand on ne supporte pas la contradiction.

Fatalisme
Doctrine inventée pour accepter les pires merdes que la vie nous réserve.

Fatigue
Sensation désagréable que certains éprouvent à l'idée de travailler.

Fauché
Qui n'a plus de blé.

Faucon yaca

Rapace qui soulève un problème et qui trouve immédiatement la solution.

Faussaire

Peintre qui permet d'augmenter le catalogue d'artistes décédés.

Fausse route

Sorte de sodomie accidentelle mais en haut.

Fauvisme

Mouvement pictural pas facile à dompter.

Fécondation

Alignement des gamètes.

Feignant

Bosseur, très discret.

Fenêtre

Ouverture dans un mur qui permet aux riches de jeter l'argent et aux pauvres de se suicider.

Fennec

Petit renard du Sahara qui court de droite à gauche.

Fer

Métal que l'on croise à l'aube.

Fermer

Mot que l'on emploie beaucoup trop tôt dans les administrations.

Fermeté

Mot qui avec l'âge augmente dans la tête et diminue dans le slip.

Fermette

Petite habitation agricole qui incite les gens avec lesquels on n'est pas d'accord à diversifier leur sexualité. Exemple : « Va te fermette. »

Fioul

Combustible liquide livré par des gens en armure.

(Voir Les chevaliers du fioul.)

FIV

Fécondation in vitro qui permet aux Afro-Américains d'avoir cinq enfants d'un coup.
(Voir les Jackson Fiv.)

Flageolet

Sorte de flûte qui fait péter quand on souffle dedans.

Flamand

Grand échassier rose qui se nourrit exclusivement de frites.

Flash

Petit éclair qui permet de gagner des points avec les filles et d'en perdre avec les flics.

Flash-Ball

Arme tape-à-l'œil.

Flûte

Verre qu'on siffle.

Foie

Organe que l'on abîme en levant le coude.

Forceps

Serre-tête pour nouveau-né.

Forêt

Une forêt, c'est comme une jeune fille, une fois qu'un homme l'a pénétrée, elle n'est plus vierge.

Forger

Chose que l'on peut faire sans être forgeron puisque c'est en forgeant qu'on devient forgeron. Ce qui ne marche pas pour d'autres métiers tels qu'astronaute, pilote de chasse ou gynécologue.

Fossile

Empreinte d'animal pétrifié que les femmes utilisent pour améliorer leur regard.

Fossoyeur

Personne qui fait son trou en creusant celui des autres.

Fouet

Instrument qui fait monter la sauce, surtout chez les masochistes.

Foulard

Petit carré de tissu qui divise le monde.

Foule

Multitude de personnes rassemblées que l'on peut fendre pour prendre un bain.

Fourberies

Ruses de chausseurs.

(Voir les fourberies d'escarpins.)

Fourgon

Véhicule aussi blindé que les malfaiteurs qui arrivent à le percer.

Fourmi

Insecte dont les monarchies se sont inspirées en ayant une reine, des ouvriers et des soldats.

Fourreur

Ancien marchand de fourrures reconverti dans le porno.

Fourrière

Endroit où l'on récupère nos voitures embarquées par des sales chiens galeux.

Franchise

Qualité pas toujours appréciée à sa juste valeur surtout chez les lecteurs de pseudo-dictionnaire qui sont prêts à claquer 18,90 € pour enrichir un auteur qui, au fond, les méprise profondément !

Fratricide

Meurtre d'un frère que l'on commet caïn-caha.

Frelon

Insecte qui, comme la grippe, devient plus dangereux quand il est suivi du mot asiatique.

Frites

Test de volonté pendant un régime.

Fumeur

Mot qui rime avec tumeur.

Fureur

Colère violente qui rend antisémite.

G

Gadget

Mot pas très utile.

Gaffe

Parole maladroite qui consiste à demander à une femme un peu enrobée si elle attend un heureux événement ou à un malade en phase terminale s'il connaît les avantages du viager.

Gagne-petit

Sorte de mange-merde mais en moins ambitieux.

Galop

Allure la plus rapide du cheval et donc la plus dangereuse pour le cavalier.

(Voir le galop décès.)

Garenne

Lapin que l'on peut croiser avec un oiseau.

(Voir La Garenne-Colombes.)

Gay

Quand on est au milieu du gay, ça veut dire qu'on l'est aussi. (Proverbe grec.)

Genêt

Petit arbuste qui pousse derrière les paravents.

Genoux

Articulations bien pratiques pour les prières et les fellations.

Gentleman

Homme qui graisse la porte quand sa femme pète.

Géopolitique

Sujet que dans les bars les pochtrons abordent rarement avant le cinquième verre.

Gerbe

Chose que l'on peut déposer sans forcément se recueillir.

Gériatre

Docteur en vieux.

Ghettos

Quartiers où l'on sépare une minorité du reste de la société avant d'y rajouter une cerise.

Gibet

Petite construction sans impotence.

Gicleur

Pièce de moteur que l'on retrouve à l'état naturel dans le slip des hommes.

Glacier

Personne qui propose impunément ses boules à des enfants.

Glisse

Ensemble de sports qui englobent le ski, le patinage ou la levrette.

Glotte

Cavité du larynx dans laquelle on peut trouver des peintures pariétales.

(Voir la glotte de Lascaux.)

Gnôle

Eau-de-vie préférée des *canis lupus.*

(Voir le loup et la gnôle.)

Gnous

C'est une illusion qui meurt d'un éclat de rire en plein cœur…

Gorille
Grand singe que l'on prend trop souvent pour un Kong.

Goupillon
Maracas pour curé.

Goutte
La goutte qui fait déborder le vase ferait mieux d'éteindre l'étincelle qui met le feu aux poudres.

Grive

Oiseau dont la raréfaction entraîne celle des merles.

H

Hache

Outil qui défonce si on le fume.

Hémicycle

Demi-cercle dans lequel se disent beaucoup de conneries.

Homélie

Messe destinée aux poulains.

Houx

Petit arbre introuvable.

Huit

Chiffre qui fait gerber quand il est grand.

Hypocondriaque

Personne qui creuse allègrement le trou de la Sécu.

I

Imitateur

Artiste qui a trouvé la bonne voix.

Immonde

D'une laideur telle que certains organisent des concours.

(Voir Miss immonde.)

Impair

Maladresse choquante que l'on commet quand on l'ouvre devant des enfants.

Impossible
Mot soi-disant pas français qu'on entend tous les jours.

Impôts
Prélèvements obligatoires qui permettent de prendre aux riches pour redonner aux… Pardon, oubliez cette définition, on me dit qu'elle est inexacte.

Imprimeur

Type qui fait bonne impression.

Impubliable

Mot qui a été inventé pour ce livre.

Incertitude

Chose qui laisse place au doute. Remarquez, je vous dis ça, je ne suis pas sûr.

Incollable

Riz omniscient.

Indices

Signes apparents et probables qu'une chose existe.
Exemple : Rentrer à la maison avec du rouge à lèvres sur la bite est un indice pour sa femme.

Indigent

Type incapable de se payer un dijo.

Inébranlable

Mec stoïque qui a un micropénis.

Infantiliser

Mot pas facile que tu comprendras dans deux dodos.

Infirmière

Fantasme masculin avant qu'Irène, qui est à deux semaines de la retraite, ne vienne vous mettre une sonde dans le pénis.

Inique

Mot injuste car on ne sait pas de qui on parle.

Injoignable

Bonjour, étant actuellement indisponible, je ne peux malheureusement pas vous donner ma définition de ce mot.

Inné

Mot on sait pas c'est à qui.

Inondation
Histoire d'eau.

Inquiétude
État pénible causé par la crainte que cet ouvrage ne se vende pas assez bien.

Intellectuelle
Femme de méninge.

J

Juron

Expression grossière qui ne reflète pas toujours la réalité.

Exemple :

« Nom de Dieu de putain de bordel de merde de ta mère la pute qui va sucer tes morts. »

K

Kaki

Fruit qui a renié sa couleur.

Karaté

Sport qui entraîne vers la déchéance.

(Voir l'homme karaté sa vie.)

Karité

Arbre d'Afrique qui produit des graines bien ordonnées que l'on garde pour soi.

Kayak

Embarcation inuite qui peut indifféremment descendre ou remonter une rivière, car ce mot peut se lire dans les deux sens.

Kilt

Jupe que les hommes portent en voiture quand ils n'ont pas envie de doubler.

(Voir kilt ou double.)

Kinésithérapute
Masseuse qui aspire à se diversifier.

Koala

Petit mammifère qui chie des suppositoires à l'eucalyptus.

L

Lacets

Cordons que les nounous nouent.

Laideur

Préservatif naturel.

Lapalissade

Affirmation d'une évidence idiote. Exemple : « Si je n'avais pas écrit ce livre, vous n'auriez pas pu le lire. »

Deuxième exemple :

« Deux minutes avant de jouir, il avait encore les couilles pleines. »

Troisième exemple : « Si j'avais eu un troisième exemple, vous aurez pu le lire. »

Laper

Façon de boire qui évite la guerre.

Larme

Goutte qu'on écrase quand on bénéficie d'une gratuité sur la protection de sa maison.
Exemple :
« Avoir l'alarme à l'œil. »

Lèche-majesté

Cunnilingus royal.

Lecture

Action dangereuse qui peut réduire le temps passé devant les écrans.

Lentilles

Verres de contact qui font péter.

Libellule

Insecte qui se déplace en 4L.

Lifting

Dernière chance pour une vieille de se faire tirer.

Ligne (blanche)

Trait continu qui sépare la route en deux, sauf si on la sniffe.

Limousine

Vache très confortable.

Lipogramme

Ju littrair qui consist à bannir un lttr dl'alphabt

(Voir *La Disparition.*)

Locataire

Personne qui n'a pas les moyens d'être propriétaire mais que les SDF envient.

Loge

Local pour coloc entre gardien d'immeuble, franc-maçon et comédiens.

Logorrhée

Chiasse verbale.

Loir

Petit rongeur hors de prix.

(Voir le Loir-et-Cher.)

Longueur

Chose qui, si on écoute les hommes, ne compte pas.

Loto

Jeu de hasard qui devrait nous faire réfléchir car si on y pense bien, on a tous eu beaucoup de chance avec les boules.

Loup

Animal que les grands-mères voient trop tard et les jeunes filles trop tôt.

Luette
Appendice charnu de la gorge que les enfants veulent absolument plumer.

Lune
Astre préféré des sodomites. « Viser la lune, ça ne me fait pas peur. »

M

Mademoiselle

Mot très joli qu'on n'a plus le droit de dire, contrairement à Grosse Pute qui est toujours en vigueur.

Maison

Envie de toit.

Malabar

Homme costaud qui fait des bulles quand il pète.

Maléfice

Entreprise satanique familiale.

Mambo

Danse cubaine sur laquelle on chante à Noël.

(Voir mambo sapin.)

Manège

Attraction foraine qui sent le vomi.

Maquereau

Poisson proche de la morue.

Marelle

Jeu préféré des culs-de-jatte.

Marionnettes

Habitants de Pantin.

Maroilles

Fromage préféré des gens qui ont perdu l'odorat.

Marquise

Femme assez conne pour croire que tout va très bien alors que c'est la merde.

Martinet

Petit fouet qui peut faire pleurer ou mouiller.

Marxisme-léninisme

Double péné intellectuelle.

Mathématique

Science qui étudie l'ensemble du nombre de combinaisons factorielles de la matrice du coefficient des logarithmes vecteurs de mesures algébriques soumises à la tangente du sinus ou du cosinus. Plus simplement 1+1=2.

Média

Outil de transmission de la gauche détenu par les gens de droite.

Médoc

Vin rouge délivré sur ordonnance.

Mégabit

Mot qui souligne la supériorité de la machine sur l'homme.

Meilleur

Mot qu'on emploie souvent quand on parle de moi.

Mer

Grande étendue d'eau salée dans laquelle on jette des bouteilles pour communiquer.

Mercure

Métal qui monte quand on se le met dans le cul.

Merde

Mot excrément vulgaire.

Métaphysique

Science qui ne répond à aucune question.

Migraine

Céphalée contraceptive.

Mirage

Avion que l'on croit voir.

Monokini

Burqa de la chatte.

Mousse (au chocolat)

Dessert dont l'aspect nous pousse à nous poser des questions, surtout s'il y a un chien dans la maison.

N

Négligence

Petit manque de soin qui peut avoir de grande conséquence. Exemple : « Chef, on ramasse ? » « Non laisse tomber, c'est pas un petit bout de ferraille qui va bousiller un Concorde. »

Niçoise

Vieille casse-couilles qui fait des salades.

Nirvana

Extase que l'on ressent quand on se suicide.

Noir

« Contrairement aux autres, j'adore broyer du noir. »
Jean-Marie Le Pen

Nostalgie

Tristesse qui vous pousse à écouter des radios de vieux.

Nouveau-né

Futur mort.

Noyau

Partie du fruit préférée des dentistes.

Nuages

Particules chargées d'eau et d'âmes.

Nucléaire

Champignon très toxique.

Nudiste

Vacancier qui regarde sa bite pour savoir d'où vient le vent.

O

Occasion

Chose qui pullule sur les sites de rencontres.

Octogone

Ring où on se met la tête au carré.

Œil

Organe que l'on rince sur la plage.

Omerta

…

Omoplates

Lesbiennes sans poitrine.

Onomatopée

Blabla bof qui fait plouf sauf si après glouglou avec une whaou, on fait crac boum hu !

Onychophagie

Pratique à déconseiller après s'être gratté le cul.

Opposant

Mot intraduisible en coréen, en russe ou en afghan.

Or

Métal précieux qui peut être plaqué sur les testicules des hommes très riches.

Ordinaire

Carburant pas super.

Oreille

Attention, tout ce qui rentre par une oreille ne sort pas forcément par l'autre.

Oreillette

Petit récepteur qui permet aux animateurs incultes de paraître brillants.

Orgue

Seul instrument de musique qui peut changer de sexe.

Origan

Frère de Marjolaine.

Ortie

Plante dans laquelle, si personne ne regarde, on peut pousser Mémé.

Os

Seuls les archéologues aiment tomber sur un os.

Oseille
Plante qui a le même rendement que le blé.

Oubliette
Cimetière des bonnes idées.

Oursin
Animal dont on ne mange que les couilles.

Outrance
Lieu où l'on s'adonne à la débauche. Exemple : « Hier j'ai bu et j'ai baisé à outrance. »

Overdose
Problème d'injection.

P

Pacifier

Chose qu'il faut faire avec méfiance.

Pain

Premier responsable des révolutions.

Pain azyme

Étouffe-chrétien.

Paix

Chose que les hommes obtiennent en faisant la guerre.

Palais

Paroi supérieure de la bouche somptueusement décorée.

Panda

Animal carnivore qui ne mange que du bambou et qui a la libido d'un eunuque.

Pangolin

Petit animal qui a bien développé le télétravail dans le monde.

Panthère

Félin dont les taches ont été faites à l'huile.

(Voir la panthère à l'huile.)

Paranoïaque

Mot que je n'expliquerai certainement pas car je sais très bien que ceux qui m'espionnent en permanence en profiteraient pour retourner cette définition contre moi afin de me faire interner contre mon gré.

Paranormal
Militaire ordinaire dont le comportement ne s'inscrit pas dans le cadre des lois scientifiques.

Parasol
Objet qui protège du soleil mais qui peut par grand vent empaler femmes et enfants.

Parfumerie

Boutique qui pue grave.

Paris-Brest

Pâtisserie longue de 592 kilomètres.

Parisien

Habitant de la plus belle ville du monde qui met un point d'honneur à faire la gueule toute la journée.

Parloir

Endroit où l'on fait passer les sentiments et les explosifs.

Parolier

Personne qui peut gagner des fortunes en faisant rimer amour avec toujours.

Passé

Temps trop souvent imparfait.

Pastiche

Imitation d'un apéritif anisé.

Pathologie

Étude des gens qui ont des nouilles plein les placards.

Patois

Langue que l'on attribue à un proche. Exemple : « Si c'est patois, c'est donc ton frère. »

Pêche

Fruit que l'on pose le matin pour l'avoir toute la journée.

Peine

Douleur morale qui peut se transformer en douleur anale si on retire le e.

Pékinois

Petit chien élevé à grands coups de porte dans la gueule.

Pelle

Ado, on se prend combien de râteaux avant de rouler une pelle ?

Pensée

Fleur cultivée par Pascal.

Perche

Poisson qui saute très haut.

Pessimiste

Personne qui regarde les choses en face.

Pet
Gaz hilarant.

Philosophie
Branlette du cerveau inventée par les Grecs.

Pigeon
Ancêtre du texto.

Pisciniste
Personne qui veut chlore le débat.

Plafond
Plancher
du haut.

Plaid
Couverture
d'avocat.

Plasma
Partie du sang
avec laquelle
on fait
des écrans.

Poncer

Travail qui permet de se sentir exister. « Je ponce donc je suis. »

Potable

Peut se dire d'une femme imbuvable.

Poussin

Petit bébé tout jaune trop mignon que l'on jette dans des broyeuses à la naissance.

Pré

Endroit où les paysans trouvent l'amour et les duellistes, la mort.

Prison

Hôtel qui affiche le meilleur taux de remplissage.

Procrastiner

Remettre au lendemain ce qu'on aurait déjà dû faire hier.

Professionnelle
Personne qualifiée bien plus disponible et bien moins chère que sa femme.

Prostate
Organe masculin qui, passé un certain âge, nous fait pisser en morse.

Q

Quadrupède
Se dit d'un couple qui baise en levrette.

Quartier
Mot chic au singulier et chaud au pluriel.

R

Raccorder

Quand dans un porno, un plombier rentre chez une femme seule, il se raccorde directement sur la fosse septique.

Radin

Type qui ne paye pas de mine.

Radiologue

Médecin qui en connaît un rayon.

Radis
Légume qui montre bien la supériorité de l'homme noir sur le blanc.

Rallonge
Objet qui permet d'installer une chaise électrique dans le jardin.

Refuge
Abri de haute montagne où l'on peut péter entre inconnus.

Régime (alimentaire)
Chose que l'on suit pendant trois semaines pour perdre trois kilos que l'on reprend en trois jours.

Rein
Machine à calcul.

Repartie
Réponse vive qui ferme les clapets et ouvre les portes.

Requiem
Musique composée pour quelqu'un qui ne peut pas l'entendre.

Respect

Chose qui se perd chez les fils de pute et les raclures de chiottes.

Resquilleur

Sorte de rabbin qui coupe les queues.

Ressusciter

Capacité à surprendre ses proches, ce qui n'est pas donné à tout le monde.

Résumé

Synthèse rapide. Exemple : Le *Titanic* part pour son voyage inaugural, il tape un iceberg et il coule. (Après, on peut toujours broder autour de ça pendant deux heures, mais franchement, je ne vois pas l'intérêt.)

Retraite

La retraite, c'est comme une belle femme, on la touche quand on ne peut plus bander.

Réunion

Concours de branlette.

Rêve

Songe pendant lequel le cerveau nous dit ce qu'il a sur le cœur.

Rhinocéros

Viagra des Chinois.

Ride

Microsillon dont on n'aime pas la musique.

Ring

Endroit OK pour KO.

Rond-point

Place circulaire où les villes mettent un point d'honneur à mettre une sculpture de merde.

Royal

Adjectif passe-partout qu'on attribue indifféremment à une personne, un aigle ou un couscous.

S

Sac

Chose qui vous
coûte 120 €
en liquide
quand on veut
le vider.

Sacerdoce

Truc qu'on
peut jeter
à son chien
quand on n'a
rien d'autre.

Saisons :

1/ Automne
Saison des feuilles mortes et des vieux qui se font appareiller.
2/ Été
Saison où l'on a du soleil dans les yeux et du sable dans le cul.
3/ Hiver
Saison pendant laquelle on épluche les marrons et où on se pèle les couilles.
4/ Printemps
Saison où les jours rallongent et où les jupes raccourcissent.

Salami

Saucisson à qui on ne peut pas faire confiance.

Samouraï

Guerrier japonais qui envoie la sauce.

Sangsue

Animal qui symbolise le fisc.

Sardine

Petit poisson qui a la réputation de planter sa tante.

Sarrasin

Céréales qui, d'après certains, mangeraient le pain des Français.

Saucer

C'est trompé ?

Saule

Arbre dépressif.

SDF

Petit veinard qui n'a pas à se taper les réunions de copropriétaires.

Seiche

Poisson qui jette l'encre.

Sex-shop

Boutique dont la devise est
« *In gode we trust* ».

Simuler

Verbe féminin.

Siphon

Tuyau souvent imité par les marionnettes.

Sirène

Femme dangereuse qui fait des queues de poisson.

Sirocco

Vent très chaud qui a la puissance d'une demi-douzaine de braquemarts.

Somnambule

Je me lève,
Et je te bouscule,
Je ne me réveille pas,
Comme d'habitude.

Soudure

Chose très dure à faire entre la fin et le début du mois.

Soumis

Personne docile que l'on met de côté car un soumis de côté, c'est déjà ça !

Soupe

Potage dans lequel on peut mettre ce que l'on veut, on s'en branle, de toute façon les enfants n'aiment pas ça.

Souper

Repas que l'on prend après les trois coups et avant le quatrième.

Sourcil

Accent circonflexe de l'œil.

Spadassin

Amateur de duel qui ressemble étrangement à un chanteur mort.

Spéléologie

Loisir de gynécologue.

Spermogramme

Examen de branleur.

Spirale

Chose dans laquelle on tombe quand on fume une cigarette, car très vite on se met au pétard, puis à la cocaïne et bien sûr au crack et à l'héroïne, du coup on se prostitue pour se payer sa came et au bout du bout on se fait assassiner dans une ruelle sordide après avoir été violé et tabassé par un serial killer, donc les amis, doucement avec la clope !

Spiritisme

Pratique qui permet de parler aux morts afin d'avoir des nouvelles rassurantes.

Splendeur

Mot qui précède décadence, sauf dans les dictionnaires.

Squelette

Chose que certaines grands-mères distraites peuvent retrouver dans leur placard.

Stagiaire

Ado qui va chercher des cafés au pote de son père qui l'a pris dans sa boîte.

Steppe

Grande prairie russe où l'on avance pas à pas.

Strabisme

Défaut du regard qui permet de se faire les ongles des mains et des pieds en même temps.

Strapontin

Siège que l'on abat sans sommation.

Strip poker

Jeu où l'on ne peut pas bluffer car tout le monde peut voir qu'on a qu'une paire.

Subtilité

Chose qui vous aura échappé dans cet ouvrage.

Suçon

Truc qui nous pousse à porter une écharpe en plein été.

Suçoter

Est-ce que suçoter c'est trompouiller ?

Sunnites

Fumeurs de chiites.

Supernova

Grand-mère qui vend deux fois plus de yaourts que les autres.

Superstition

Croyance qui incite les intrépides à casser un miroir en passant sous une échelle devant un chat noir en étant habillé en vert un vendredi treize, juste comme ça, pour voir.

Suppositoire

Médicament qui ne laisse pas un sale goût dans la bouche.

Surf

Sport de la Nouvelle Vague.

T

Talion
Loi qui fait travailler les ophtalmos et les dentistes.

Tambourin
Petit instrument de musique apprécié par les gays.
Exemple :
« Tambourin, tu suces l'autre ! »

Tamoul
Langue des gynécos.

Tante

Parent qu'on peut planter.

Tartempion

Vrai nom du Soldat inconnu.

Tatou

Animal à qui on ne sait jamais quoi offrir.

Taupe

Petit rongeur qui veut épater la galerie.

Tchétchène

Soldat caucasien chanté par Aretha Franklin.

Techno

Musique idéale pour danser pendant une crise d'épilepsie.

Teckel

Petit chien qui a un tube de rouge à lèvres entre les pattes.

Tee

Petite cheville servant à surélever les balles au départ d'un trou. Lorsqu'il est utilisé pour une relation sexuelle, on l'appelle le « tee for two ».

Teinturerie

Boutique d'une profondeur abyssale.

Téléphone

Appareil qui à l'origine était destiné à passer des appels et qui aujourd'hui sert presque exclusivement à regarder des vidéos de chatons.

Téléréalité

Programme où des filles refaites et des mecs tatoués font des fautes de français.

Témoin

Personne qu'on prend en otage pour un mariage ou pour un duel.

Tempête

Ouragan dont on mesure la violence grâce au fromage.

(Voir l'échelle de Beaufort.)

Temporaire

Mot qui n'aurait jamais dû durer.

Ténia

Saigneur des anneaux.

Terrasse

« Les enfants, allez jouer sous la terrasse ! »

Xavier Dupont de Ligonnès

Test (de grossesse)

Objet sur laquelle la femme urine pendant que l'homme marmonne : « Une barre, j'me barre ! »

Têtard

Petit animal qui se laisse pousser les pattes.

Thon

Poisson ou fille que l'on trouve en boîte.

Tiroir

Casier dont le fond peut faire un livre.

Titi

Gamin de Paris qui se met trop de gel dans les cheveux. (Voir Titi est gominé.)

Tituber

Verbe qui indique que l'on sort du bistrot.

Toc

Trouble obsessionnel et compulsif qui revêt plusieurs putains de formes.
Perso, celui dont je souffre comme un enculé depuis l'enfance porte le nom d'un fils de pute de merde dont je ne me souviens plus et je vous emmerde tous bande de résidus de fausse couche de grosses salopes qui sucent ma bite !

Tondeuse

Objet dont la vente a explosé à la Libération.

Tonneau

Figure que les alcooliques font au volant.

Tonnerre

Flatulence divine.

Torchis

Matériaux de construction récupérés dans la fosse septique.

Torchon

Tissu qui brûle quand un couple s’échauffe.

Tortionnaire

Personne qui aime échanger après avoir noué des liens.

Touche-à-tout

Personne pas toujours très bien vue dans les transports en commun.

Touffe

Ancêtre du ticket de métro.

Traditions

Coutumes qui excusent des choses inexcusables.
Exemple :
« Quoi ?! vous avez coupé le clitoris de votre petite fille de cinq ans sans anesthésie ? »
« Oui mais chez nous, c'est la tradition. »

Train-train

Mot inventé à Bora-Bora.

Traître

Personne qui met sa loyauté au service du camp adverse.

Tréteau

Mot inventé très tard.

Trêve

Période pendant laquelle on se tire dans le dos.

Tribord

Bâbord du dyslexique.

Tricher

Pratique la plus courante pour obtenir son bac.

Trident

Surnom de Papy quand il retire son dentier.

Triple péné

Illustration du proverbe « Quand il y en a pour deux il y en a pour trois ».

Trisomique

Personne que l'on note sur 21.

Troc

Principe qui consiste à échanger une merde contre une saloperie.

Trottinette (électrique)

Objet qui a transformé les trottoirs en route.

Trust

Firme antisociale.

Tuberculeux
Malade qui
garde ses coquilles
d'huîtres
vides.

Tumeur
Mot qui annonce
la couleur.

Typologie
Science pour
mec casanier.

U

ULM
Frelon
de l'aviation.

Usine
Grande
blanchisserie
qui lessive
les ouvriers.

V

Vidange
Chose que les mecs font au garage et au bordel.

Vide-ordures
Système qu'il serait nécessaire d'installer dans le monde politique.

Virus
Première cause de décès des ordinateurs.

Vitrine
Ce qui donne envie de rentrer dans la boutique.
Exemple : Le décolleté.

Vivier
Grand aquarium où les vieilles peuvent choisir le *Omar* qu'elles vont *tué*.

Voile
Étoffe qui fait des bas.

Voisin

Ennemi de proximité.

Vomir

Action de faire une pizza avec un hamburger.

Vrac

Emballée qui pas marchandise n'est.

W
X
Y
Z

Wallaby

Voisin du kangourou qui touche sa bille au rugby.

Zoophile

Pervers qui adore enfiler des mules.

Zouave (du pont de l'Alma)

Quand il a de l'eau jusqu'aux genoux, Paris est en dessous. Quand il a de l'eau jusqu'aux couilles, même la tour Eiffel mouille !

Composition et mise en pages
Nord Compo à Villeneuve-d'Ascq

Achevé d'imprimer en septembre 2024
par Normandie Roto Impression s.a.s. à Lonrai
pour le compte des éditions KERO
21, rue du Montparnasse 75006 Paris

PAPIER CERTIFIÉ

KERO s'engage pour
l'environnement en réduisant
l'empreinte carbone de ses livres.
Celle de cet exemplaire est de :
450 g éq. CO_2
Rendez-vous sur
www.kero-durable.fr

N° d'éditeur : 3057744/01
N° d'impression : 2404327
Dépôt légal : octobre 2024
Imprimé en France